Scrapbook-Fibel

Scrapbook-Techniken

Sandra Rupp

Impressum:

ISBN 10: 3-86545-168-3 ▪ ISBN 13: 978-3-86545-168-2 ▪ Best.-Nr.: 45168

Fotos: Andrea Splietker
Styling: Andrea Splietker
Grafik/Zeichnungen: Daria Broda
Layout/Satz/Bildbearbeitung: Andrea Splietker
Druck: Merkur Druck GmbH & Co. KG, Detmold ▪ www.merkur-druck-online.de

1. Auflage 2006

Vorwort

Scrapbooking ist in den USA bereits seit vielen Jahren ein sehr großer Trend. Mit traumhaft schönen Papieren, Metallteilen, Ösen und vielen anderen Utensilien werden Bilder gekonnt in Szene gesetzt. Sie erzählen Geschichten oder halten Erinnerungen fest!

Allerdings ist es für den Einsteiger anfangs sehr verwirrend, aus den vielen neuen Begriffen und den unendlich vielen Techniken das Passende für das eigene Foto zu finden!

Dieses Buch soll Ihnen helfen, damit auch Sie voller Freude Ihr eigenes Scrapbook fertigen und Ihre Erinnerungen stolz präsentieren können!

Das Schöne daran ist, dass Sie auch in vielen Jahren noch gerne diese Alben zur Hand nehmen werden.

Nun aber legen Sie los: Probieren Sie die vorgestellten Techniken einfach mit Ihren Bildern aus und falls Sie Begriffe suchen, schlagen Sie im Scrapbook ABC nach!

Es ist viel einfacher, als es auf den ersten Blick scheinen mag! Und bestimmt finden auch Fortgeschrittene noch die ein oder andere Anregung!

Ich wünsche Ihnen viel Spaß und grüße Sie herzlich,

Ihre Sandra Rupp

Sandra Rupp

Tipps, Tricks &

Papiere

Achten Sie darauf, dass die Papiere säurefrei sind. Mit einem speziellen Stift kann der Säuregehalt des bevorzugten Papiers getestet werden. Belohnt wird Ihre Sorgfalt erst in einigen Jahren, denn nur so kann garantiert werden, dass Ihre Bilder nicht vergilben oder die Farbe verändern. Die Papiere, die in großer Auswahl speziell für das Scrapbooking zur Verfügung stehen, sind immer säurefrei.

Paper-Kits (Papier-Sets) und Papier-Blöcke

Diese Sets sind so gestaltet, dass verschiedene, farblich zueinander passende Papiere und zum Thema sortierte Stickerbogen sowie Alphabete als Set erhältlich sind. Gerade für Einsteiger ist das optimal. Schöne Ergebnisse sind durch die perfekte Abstimmung gewährleistet. Papierblöcke werden in großer Auswahl angeboten, sind farblich aufeinander abgestimmt und oft sehr viel günstiger als einzelne Bögen.

Materialien

Da das Thema Scrapbooking ein sehr vielseitiges ist, sind auch die Materialien, die dafür verwendet werden können, sehr vielseitig. Wichtige Dinge, die nahezu unverzichtbar sind, werden Ihnen anhand der einzelnen Seiten im Anschluss erläutert. Auch hier ist es anfangs sehr hilfreich, wenn Sie farblich aufeinander abgestimmte Utensilien benutzen. Im Fachhandel gibt es zu unterschiedlichen Themenbereichen passende Serien, die jeweils schön gestaltete Stickerbogen, Papiere, Stempel, Kreiden, Ösen und dergleichen beinhalten. Wichtig ist darauf zu achten, dass die gewählten Utensilien nicht allzu dick oder schwer sind, damit die übrigen Seiten nicht verbogen werden.

Grundausstattung

Verschiedene Scrapbook-Papiere und der passende Cardstock (Album-Seite) oder säurefreie Papiere sind die Grundlage. Ein Papierschneider erleichtert die Arbeit, da sehr häufig und vor allem gerade geschnitten werden muss. Eyelets, Brads und Snaps (s. Beschreibung) sind wichtige Helfer. Doppelseitige Klebebänder in verschiedenen Stärken und Schmuckstein-Kleber sind unverzichtbar. Motivscheren, Stanzer und Stempel lockern die Gestaltung auf.

Preise

Die Preise für dieses Hobby sind auf den ersten Blick nicht gerade gering. Sie werden jedoch feststellen, dass die Packungen immer sehr reichhaltig bestückt sind. Beim Scrapbooken ist oft weniger mehr. Es ist beispielsweise günstiger, einen ganzen Bogen schön bedrucktes Papier zu verwenden, als sparsam nur Ecken davon zu benutzen und die leeren Flächen in mühevoller Kleinarbeit und mit vielen Utensilien zu füllen.

Fotos

Scrapbooking bietet Ihnen die interessantesten Möglichkeiten, Ihre Fotos in Szene zu setzen. Im Grunde sind alle Fotos geeignet. Es ist aber nicht empfehlenswert, viele Fotos auf eine Sei-

Materialien

te zu setzen. Hier gilt: Weniger ist mehr! Interessant wirkt es, das gleiche Bild mehrmals in verschiedenen Größen zu nutzen. Suchen Sie aus Ihren Urlaubsbildern immer nur die Schönsten aus, die Sie mit Erinnerungen verbinden. Ein lieblos aufgenommenes Bild lässt sich nur schwer schön darstellen. Nutzen Sie auch die Möglichkeit der Bildbearbeitung. Ein buntes Bild wirkt in veränderten Farben manchmal interessanter.

Fotos in Verbindung mit den Papieren

Hier ist ein wenig Fingerspitzengefühl erforderlich. Am besten mit dem Bild die passenden Papiere aussuchen. Die im Buch vorgeschlagenen Ideen lassen sich teilweise mit anderen Bildern nicht realisieren, weil das Papier, welches hinterlegt wurde, nicht zu Ihrem Foto passt. Am Einfachsten ist es, die Papiere auszubreiten, das Foto darauf zu legen und zu sehen, wie diese Verbindung wirkt.

Aufbewahrung

Hier stehen viele schöne Möglichkeiten zur Verfügung. Grundsätzlich hat der Cardstock, auf dem gearbeitet wird, das Maß 30,5 x 30,5 cm. Es gibt hierfür gefertigte Folien, in die das fertige Kunstwerk zum Schutz eingeschoben wird. Zu allen Themenbereichen sind fertige Alben erhältlich, deren Seiten einzeln gestaltbar sind. Das ist sehr wichtig, weil Sie so viel einfacher arbeiten können und die Seiten in aller Ruhe nacheinander gestalten können.

Zeitlicher Aufwand

Beim Scrapbooking geht es nicht darum, in kürzester Zeit ein ganzes Album fertig zu bekommen. Es geht viel mehr darum, Ihre Erinnerungen an ein Erlebnis oder eine Situation festzuhalten und darzustellen. Ein Tagebuch zu führen ist auch zeitintensiv, aber Ihre Gedanken bleiben Ihnen dafür ewig erhalten. Es macht sehr großen Spaß mit anderen „Scrapbookern" zusammen Ideen auszutauschen und sich gegenseitig anzuregen. Das nennt man „Crop".

Informationen zu Herstellern

Fragen Sie den Fachhandel nach den Produkten zum Thema Scrapbooking. Es kann durchaus sein, dass nicht das ganze Sortiment im Laden erhältlich ist. Das Gebiet ist einfach zu vielseitig, um erwarten zu können, dass überall alle Produkte im gleichen Maße erhältlich sind.

Alte Sachen, alte Bilder, alte Knöpfe und Spitzen

Sollen alte Familienfotos im antiken Stil verwendet werden, ist es oft schön, wenn die Papiere mit Spitze, alten Knöpfchen und neuen Scrapbook-Utensilien kombiniert werden. Schauen Sie doch mal auf Floh- und Antikmärkten. Sollten Sie keine alten Fotos aus Ihrer Familie haben, können Sie eine große Auswahl alter Postkarten und Bilder erwerben. Preisvergleiche lohnen sich.

Tipps & Tricks

Eyelets (Ösen), Snaps (Verschlüsse), Brads/Bradletz (Briefklammern)...

... gibt es jeweils in verschiedenen Farben und Formen. Eyelets sind Ösen und werden auch Hohlnieten genannt. Snaps sind geschlossene Ösen. Beide werden gleich angebracht. Mit speziellen Werkzeugen, die es in sehr unterschiedlichen Ausführungen im Handel gibt, zunächst ein Loch in das Papier stanzen. Nun das Eyelet oder den Snap einsetzen, das Papier wenden und von der Rückseite mit dem zweiten Teil des Werkzeugs einschlagen. Diese Werkzeuge werden „Eyelet-Tool“ genannt.

Die Geräte sind sehr unterschiedlich und liegen dementsprechend auch in verschiedenen Preisklassen. Sinnvoll ist, darauf zu achten, dass das gewählte Produkt sowohl kleine, als auch große Eyelets einarbeiten kann.

Brads/Bradletz sind Briefklammern, die durch ein vorgestanztes kleines Loch oder durch einen kleinen Schnitt mit dem Cutter von der Vorderseite zur Rückseite durchgestochen werden. Die beiden Metalle auf der Rückseite vorsichtig auseinander biegen. Dies ist gerade für Einsteiger die einfachste Variante, Papiere, Blüten oder Schleifenband miteinander zu verbinden. Es gibt Brads/Bradletz mit sehr umfangreichen Gestaltungen - vom Baby-Fläschchen über Blümchen, Herzen, Sternen bis hin zum kompletten Alphabet.

Wo werden Eyelets, Snaps, Brads/Bradletz verwendet?

Diese kleinen Metall-Teile sind sehr wichtige Helfer beim Scrapbooken und natürlich auch bei der Kartengestaltung. Sie sind sehr hilfreich, wenn mehrere Papiere miteinander verbunden werden sollen. Klebepunkte sind nicht mehr nötig. Vor allem bei der Befestigung von Transparentpapieren (Vellum) sind sie äußerst praktisch. Durch Ösen lassen sich feine Bänder (Ribbons) oder Zierfäden (Fibers) ziehen. Das sieht besonders hübsch aus. Auch lassen sich die Stanzteile von Motivlochern wunderbar in verschiedenen Größen übereinander legen und spielend leicht miteinander verbinden.

Brads bieten aufgrund der längeren Metall-Stäbe mehr Raum für viele Papiere, Stoff-Blüten oder Schleifenbänder. Brads lassen die Elemente drehbar bleiben. So lässt sich damit wunderbar eine Drehscheibe herstellen. Bei der Verwendung von Ösen ist es sinnvoll, zunächst zu testen, wie viele Papiere aufeinander gelegt, miteinander verbindbar sind. Bei allen Gestaltungen bleiben die Verschlüsse auf der Rückseite sichtbar. Sinnvoll ist, die Elemente nur auf das oberste sichtbare Papier oder in die oberste Blüte etc. einzuarbeiten und dann auf der gestalteten Seite anzubringen. Mit den kleinen Helfern lassen sich auch Taschen aufsetzen. Dort können kleine Tags (Anhänger) oder Erinnerungen (Tickets etc.) eingeschoben werden.

Gestaltung der Scrapbook-Seite

Auf den blauen Cardstock ein Stück Jeans-Karton kleben. Nun das Foto und die beliebig dazu passenden Texte mit verschiedenen Papieren hinterkleben und vor dem Aufkleben die roten Nieten einschlagen. Ein Stück kariertes Schleifenband am Rand des Papiers entlang fixieren, zuvor ein Schmuck-Teil einschieben. Nun die Blüten aus Stoff mit gefaltetem und schräg zugeschnittenem Schleifenband, Stanz-Blüten aus Jeans-Karton, roten Unterlegscheiben und blauen Brads miteinander verbinden und anordnen. Zum Schluss an den Kanten mit Schmucksteinkleber rote Sternchen aufkleben.

Tipps & Tricks

Journaling (Texte, Erzählungen)

Als „Journaling" werden Texte und Erzählungen, die die Erinnerungen an das Erlebte auf der Scrapbook-Seite widerspiegeln bezeichnet. Die hierfür gewählte Technik entspricht immer ein wenig dem Bild. An Handschriften, Ausdrucken vom PC, gestempelten Texten oder Stickern eignet sich abhängig von der Größe des Textes was gefällt. Auch sind dem Inhalt keine Grenzen gesetzt. Die Erinnerungen können sachlich beschränkt aus Details dargestellt werden. Ebenso können sie auch Sentiments (Gefühle und Wünsche) enthalten.

Menschen, die sich ganz intensiv mit Erlebnissen und deren Folgen beschäftigen, nutzen gerne diese Form, um sich für die Zukunft Erinnerungen an das Erlebte zu bewahren. Nicht nur lustige oder schöne Erlebnisse, wie beispielsweise die erste Sandkastengeschichte des Kindes, sondern auch traurige Anlässe, die den Wunsch auf Hoffnung für die Zukunft ausdrücken, sind gestaltbar. Gedankengut wird so transparent. Darum immer nur dem Anlass entsprechend Geheimnisse preisgeben. In ganz privaten Scrapbooks darf natürlich eine Art Tagebuch mit viel Gefühl geführt werden. In Scrapbooks, die gerne herumgereicht und gezeigt werden, sind oftmals witzige Geschichten oder Hintergrundwissen wie z.B. Reisebeschreibungen und dergleichen schön anzusehen.

Journaling und Papiere

Die Texte können auf vielerlei Papier gedruckt oder geschrieben werden. Besonders schön wirken die Darstellungen aber auf Papieren, deren Hintergrund eher unauffällig ist. Ein guter Partner ist hier das Vellum (Transparentpapier), da es ermöglicht, den Text in ein Bild einfließen zu lassen, indem das Vellum ein Stück des Bildes mit einnimmt. Empfehlenswert ist das Befestigen mit schönen Brads (Briefklammern).

Spread

Als Spread werden nebeneinanderliegende, passend zueinander gestaltete Seiten bezeichnet. So lässt sich die Seite auch optisch vergrößern. Durch die gleiche oder ähnliche Gestaltung bekommen die aufgeklappten Seiten mehr Wirkung. Eine schöne Wirkung wird erzielt, wenn auf gleicher Höhe horizontal Bänder, Papierstreifen, gestempelte oder gestanzte Bordüren aufgesetzt werden. Die Bilder dann evtl. im Hochformat aufsetzen. In Verbindung mit dem Journaling ist diese Variante dann optimal, wenn der Text üppiger ausfällt und zu viel Raum auf einer Seite einnehmen würde.

Gestaltung der Scrapbook-Seite

Zu Beginn die Bilder mit Papier hinterlegen und versetzt übereinander auf den Cardstock kleben. Nun die Tags (Anhänger) passend zur Größe der Ausdrucke zuschneiden und mit silbernen, großen Eyelets versehen. Ein Band durchziehen, beliebig knoten und ähnlich einem See-Tau befestigen. Die Tags unterhalb der Bilder anordnen und festkleben. Mit einem Label-Writer (Beschriftungsgerät) den Monat der Reise und den Ort herstellen und beliebig aufkleben. Zuletzt zieren Charms (Metallteile, Schmuck) mit passenden Buchstaben, Herzchen die Büroklammern ähneln und ein Fiber (Zierfaden) die Seite.

Tipps & Tricks

Paper-Kits (Papier-Sets) und Themen-Blöcke

Spätestens beim Anblick der vielseitigen Papierauswahl, die es in farblich passenden Themen-Blöcken und Paper-Kits (Papier-Sets) gibt, wird das Herz höher schlagen. Sei es zur Geburt, zur Hochzeit, für die Reise-Erinnerung oder nostalgisch – hier wurde nichts vergessen. Auch gibt es Papiere mit Wort- oder Satzaufdrucken. Diese sind vielseitig verwendbar. Vom Bogen kann zum Beispiel nur der passende Teil ausgeschnitten und angebracht werden. Da es Blöcke in unterschiedlichen Formaten gibt, kann es reizvoll sein, auf das Normalmaß von 30,5 x 30,5 cm, Seiten aus den kleineren Blöcken von 16,5 x 16,5 cm o.a. aufzusetzen. Vorteilhaft ist, dass es oftmals das Papier sowohl in Klein, als auch in Groß gibt.

Vellum (Transparentpapier)

Das Arbeiten mit Vellum (Transparentpapiere) ist etwas schwieriger, da es sich unter Umständen nicht so gut kleben lässt. Spezielle Klebegeräte lassen es zu, dass kleine feine Klebepünktchen auf die Rückseite aufgesetzt werden, die später auf der Gestaltung unsichtbar sind. Brads (Briefklammern), Snaps (Verschlüsse) und Eyelets (Ösen) sind wunderbare Helfer, um Papiere miteinander zu verbinden. Da mithilfe des Eyelet-Tools (Werkzeug) auch in der Mitte des Scrapbook-Papiers gearbeitet werden kann, lassen sich die Papiere sehr gut miteinander verbinden. Aber stets daran denken, dass der Verschluss auf der Rückseite sichtbar bleibt.

Papiere reißen

Die schönen Papiere zu zerreißen kostet zuerst etwas Überwindung. Die Bildgestaltung erlangt dadurch jedoch oftmals eine ganz eigene Dynamik. Reißt man das Papier nach vorne gerichtet ab, bleibt die gerissene Linie breiter auf der Vorderseite sichtbar. Nach hinten gerissen sieht man von der Vorderseite zwar auch die gerissene Linie, aber nicht das vorscheinende weiße Papier. Beides kann reizvoll sein. Probieren und einfach loslegen bringt oft die schönsten Gestaltungen mit sich.

Papiere zuschneiden

Beim Scrapbooking wird meistens akkurat gearbeitet, denn man setzt Bilder oder Texte oft in sogenannte Chatter-Boxes. Hier bleibt ein feiner Rand sichtbar. Um einfach und schnell voran zu kommen, empfiehlt es sich, einen Papierschneider anzuschaffen. Für den Anfang reicht ein günstiges Gerät. So können Bilder auf das passende Papier (auch auf Papier-Reste) geklebt werden und direkt am Bildrand entlang zugeschnitten werden. Wird dieser Vorgang mehrmals wiederholt entsteht der Eindruck, das Bild hebe sich von der Scrapbook-Seite empor. Auch um Tags oder Tag-Taschen zu gestalten sind Schneidegeräte einfach nur praktisch.

Gestaltung der Scrapbook-Seite

Im Paper-Kit sind fast alle Utensilien vorhanden, um diese Seite nachzugestalten. Lediglich die kleinen Papiere stammen aus einem zusätzlichen, zum Thema passenden Papierblock im Format 16,5 x 16,5 cm. Die Papiere laut Abb. anordnen und an den Klebelinien entlang der jeweiligen Mitte die Sticker-Bordüre platzieren. Das lila Papier reißen und beliebig aufkleben. Das Foto mehrmals hinterlegen und alles auf dem Cardstock anordnen. Rechts vom Foto einige Eyelets (Ösen) einschlagen, feines Satinband durchziehen und eine Schleife binden. Die Sticker auf der Seite verteilen. Nun kleine Tags ausstanzen, beschriften, Stanzherzen und Eyelets anbringen und mit 3D-Abstandsband aufkleben. So auch mit den kleinen Herzen auf der rechten Bildseite verfahren.

Tipps & Tricks

Moosgummi-Stempel und Acrylfarben

Stempel aus Moosgummi sind kinderleicht in der Anwendung. Hier stehen sehr viele Alphabete, Ornamente und Formen wie Blüten, Sterne etc. zur Verfügung. Moosgummi-Stempel überwiegend mit Acrylfarbe benutzen. Eine feine Schicht mit einem Schwämmchen auftragen und vorsichtig aufstempeln. Beim Abheben des Stempels darauf achten, dass er relativ gerade nach oben vom Papier gehoben wird. Die Acrylfarbe bleibt evtl. etwas am Papier haften. Würde der Stempel schräg abgezogen, könnte der Abdruck verschmieren.

Besonders toll werden die Effekte, wenn mehrere Acrylfarben benutzt werden. Diese einfach nacheinander auf den Stempel auftupfen. Es ist empfehlenswert das Moosgummi gleich nach der Anwendung mit einer Bürste und flüssiger Seife reinigen. Die Farbe sollte nicht eintrocknen.

Anwendung der Moosgummi-Stempel

Die Abdrücke der aufgestempelten Acrylfarben haften auch auf Fotos. Reizvolle Scrapbook-Seiten entstehen, wenn ganz zum Schluss über die Ecken der Bilder oder über das Journaling (Texte) gestempelt wird. Auch gestempelte Hintergründe sind schön. Wird Acrylfarbe auf säurefreien Tonkarton aufgetragen und mit einer farblich passenden Acrylfarbe darauf gestempelt, eignen sich die Papiere auch gut zum Zuschneiden von Tags oder Tag-Taschen.

Moosgummi-Stempel aus Stanzteilen der Schneidemaschine

Da sich mit der Schneidemaschine auch Moosgummi schneiden lässt, können Stempel selbst hergestellt werden. Hierzu die gewählte Form oder den Buchstaben mit der Schneidemaschine zuschneiden und die Rückseite mit starkem, doppelseitigem Klebeband oder Moosgummi-Kleber auf ein Stück Holz kleben. Es gibt auch Acryl-Blöcke, auf denen das Moosgummi mit doppelseitigem Klebeband haftet und wieder ablösbar ist. So können nach dem Stempeln verschiedene Stanzteile aufgesetzt werden. Aber Vorsicht: nicht seitenverkehrt aufkleben!

Gestaltung der Scrapbook-Seite

Zuerst das schwarzweiße Scrapbook-Papier auf die passende Größe reißen und auf den blautürkis gestreiften Cardstock kleben. Die beiden Fotos in unterschiedlichen Größen ausdrucken oder entwickeln lassen und ohne Hintergrundgestaltung direkt auf den Cardstock kleben. Mit einem Tag-Maker (Gerät zur Rahmung von Tags aus Metall) die beiden Tags herstellen. Hierzu etwas Scrapbook-Papier auf weißes Papier kleben und den Tag gestalten. Nun silberne Eyelets (Ösen) einschlagen und silbergraue Ribbons (schmale Bänder) durchziehen. Zuletzt die Moosgummi-Buchstaben und Sterne mit antikblauer und silberner Acrylfarbe einfärben und auf die gestaltete Seite stempeln. In die Mitte der Sterne mit dem Eyelet-Tool kleine Löcher stanzen und die Snaps (Verschlüsse) in Sternform einschlagen.

Tipps & Tricks

Tags und Tag-Taschen

Tags sind kleine Anhänger aus Papier oder Tonkarton, die entweder ausgestanzt oder mithilfe einer Schablone auf das gewünschte Papier gezeichnet und ausgeschnitten werden. Es gibt mittlerweile eine sehr große Auswahl von Stanzen, die einzelne oder gleich mehrere Tags auswerfen. Natürlich gibt es auch fertigte Tags, teilweise mit Metallrand. Auch kleine Briefumschläge werden als Schablone angeboten. Eine besonders schöne Variante ist es, einen kleinen Umschlag zu gestalten und da hinein einen dazu passenden Tag zu geben. Die Tags am oberen Ende lochen. Eine Lochzange oder das Werkzeug zum Einschlagen von Eyelets (Ösen) genügt. Besonders hübsch sieht es aus, wenn Fibers (Zierfäden) oder Ribbons (schmale Bänder) durch das Loch oder durch die Öse gezogen werden.

Eine weitere Möglichkeit ist, einen schmalen Streifen aus farblich passendem Papier zuzuschneiden, diesen in der Mitte zu falten und als Aufhänger aufzusetzen. Brads oder Eyelets sind wunderbar geeignet, das Papier zu befestigen und sie schmücken gleichzeitig den Tag. Sollten Stanzen oder Schablonen nicht greifbar sein, können die Tags ganz leicht hergestellt werden, indem Rechtecke, Kreise oder Quadrate zugeschnitten werden. Schöne Effekte erzielt man, indem die Ecken mit einer Eckenschere oder einem Ecklocher bearbeitet werden. So können Tags auch in größeren Maßen Scrapbook-Seiten schmücken. Farbe und Form sind keine Grenzen gesetzt. Es ist immer wieder erstaunlich, wie unterschiedlich die Wirkung mit der gleichen Tag-Form aber anderem Papier ist.

Wo und wie werden die Tags verwendet?

Tags werden benutzt, um kleine Botschaften anzuhängen oder das Journaling (Beschreiben der Bilder) zu unterstützen. Die wichtigsten Fakten wie z. B. das Datum, der Ort oder ähnliches können ergänzend zum Foto und zur Darstellung des Erlebnisses auf kleinen Tags angebracht werden. Witzig sind auch Ketten aus Tags, die an Fibers oder Ribbons aufgehängt werden. Auf jeden kleinen Tag einen Buchstaben schreiben und ein Wort bilden. Das passt schön zu Fotos, auf denen Personen oder Kinder zu sehen sind.

Welchen Sinn haben Tag-Taschen?

Eine aufgesetzte Tag-Tasche sieht immer besonders aufwändig aus und hebt die Gestaltung hervor. Bis auf die Seite, in die später die Tags eingeschoben werden sollen, alle Ränder mit einem feinen, doppelseitigen und gut klebenden Band bekleben und auf die Gestaltung setzen. Man kann Kreise, Quadrate, Dreiecke oder Rechtecke nutzen. Auch mit gerissenen Papieren lassen sich individuelle Tag-Taschen herstellen. Für den Eingriff der Tag-Tasche können Motivlocher wie Kreise, Ovale, Quadrate und Rechtecke verwendet werden. Vor dem Kleben darauf achten, dass die Tag-Tasche nicht zu sehr vom Foto ablenkt oder gar die Bänder der Tags das Bild verdecken.

Gestaltung der Scrapbook-Seite

Hellblauen Cardstock mit thematisch zueinander passenden Scrapbook-Papieren bekleben. Die Bilder mit Foto-Haltern schmücken. Rechts oben die rechteckige Tag-Tasche mit oval eingestanztem Eingriff anbringen und die Tags hineinschieben. Die Schriften ausdrucken, über den Gestaltungen anordnen und mit Klebstoffen für Vellum (Transparentpapieren) aufkleben.

Tipps & Tricks

Tipps für Hochzeiten, Kindstaufen und wichtige Feste

Im Idealfall gibt man sich das Ja-Wort nur einmal im Leben, das Kind wird nur einmal getauft, eingeschult und geht auch nur einmal zur Kommunion. An diese wichtigen Feste erinnern wir uns gerne zurück. Speziell für diese Anlässe gibt es bereits vorgefertigte Alben, in die gestaltete Scrapbook-Seiten nur noch eingeschoben werden müssen. Sie sind zwar nicht unbedingt preiswert, haben aber den Vorteil, dass sie mit Klarsichthüllen ausgestattet sind. Hinter diesen wirken die Gestaltungen meist noch schöner und sie können vor allem jedem gezeigt werden, ohne dass man Bedenken haben muss, dass diese beschädigt werden. Passend zum Einband stehen oftmals zusätzliche Paper-Kits (Papier-Sets) oder Blöcke mit mehreren Papieren zur Verfügung. So ist es auch für Einsteiger sehr einfach, diese wirklich kostbaren Erinnerungen wunderbar zu gestalten. Wichtig ist, sich bei der Gestaltung Zeit zu nehmen. Schritt für Schritt und lieber langsam die einzelnen Seiten gestalten. Nur die schönsten Bilder, die die größte Aussage haben, verewigen. Das ist sinnvoller als in kürzerer Zeit sämtliche Fotos schnell einzukleben und sich hinterher über die lieblose Gestaltung zu ärgern. Scrapbooking bedeutet oft Zeit – aber ist es nicht wunderbar, während des Arbeitens das Fest noch einmal Revue passieren zu lassen?

Mini-Scrapbooks und Tags (Anhänger) als Einladung oder Dankeschön

Spätestens jetzt wird klar, wie vielseitig Scrapbooking ist! Nicht nur im Format des Cardstocks lässt sich mit diesem Trend arbeiten - auch als Grußkarte, Einladungskarte oder als Tag können die Techniken verwendet werden. Da der Bereich Mini-Scrapbooks und Tags so weit gefächert ist, gibt es hierfür weitere Bücher, die Einblicke in diese Form des Scrapbookings geben. Der Phantasie freien Lauf lassen heißt die Devise. Das schönste Bild der Hochzeit, der Taufe oder des Babys in Scrapbook-Technik dargestellt und als Einladung umfunktioniert, ist auf jeden Fall eine schöne Erinnerung. Es gibt einige Tricks, mit denen aus einem Bogen Cardstock oder mit bezogener Graupappe kleine Mini-Scrapbooks werden. Garantiert ist, dass sie viel schneller gefertigt sind als ganze Alben und dennoch einigen Bildern ihren Rahmen geben. Alle hier erläuterten Begriffe, werden im Bereich des Mini-Scrapbooks genauso angewendet.

Crop – scrapbooken in der Gruppe

Unter Crop versteht man, liebe Menschen einzuladen, die auch Spaß am kreativ sein haben. Jeder hat Fotos, die viel zu schade sind, um weiterhin in der Fotokiste zu liegen. Es ist sehr anregend, sich gegenseitig Tipps zu geben und Ideen miteinander zu entwickeln. In den USA gibt es ganze Wochenenden, an denen sich sehr viele Scrapbook-Begeisterte treffen und miteinander Scrapbooks, Tags und Mini-Books gestalten. Es lohnt sich diesen Trend nachzuahmen und viel Freude daran zu haben.

Gestaltung der Scrapbook-Seite

Auf einen beigefarbenen Cardstock einen Bogen Vellum (Transparentpapier) setzen. Nun die Fotos mit hellgrauem Papier hinterlegen und die Ränder mit einem schwarzen Stempelkissen schwärzen. Beide Bilder mit 3D-Abstandsband auf das Vellum kleben. Einige Herzchen und Tags aus rotem und grauem Papier mit dem Motivlocher ausstanzen und ebenfalls an den Rändern kolorieren. Die Initialen des Brautpaares auf den Tag stempeln oder Rub-on´s benutzen und sowohl Tags als auch Herzchen mit 3D-Klebepads aufsetzen. Dazwischen einige Halbperlen streuen und mit Schmuckkleber anbringen. Zur Zierde kleine Schleifchen aufkleben und weiße Ribbons (Bänder) durch die Tags ziehen.

Tipps & Tricks

Chalk (Kreide), Pigment Ink (Tinte) und die Color-Box (Stempelkissen)

Chalk ist gepresste Kreide, die in verschiedenen Farben erhältlich und säurefrei ist. Diese Kreide ist farblich zusammengestellt in kleinen Boxen auf dem Markt erhältlich. Chalks zeichnen sich durch die leichte Anwendung aus, denn außer einem feinen Schwämmchen oder einem Puderpinsel wird nichts benötigt.

Pigment Ink ist eine lichtechte, wasserfeste und farbechte Tinte. Es gibt sie in sehr vielen unterschiedlichen Farbnuancen. Die größte Auswahl aber findet sich bei den Braun- und Grautönen, denn die Tinte wird gerne verwendet, um der Gestaltung einen alten, benutzten Touch zu geben. Gerade im Vintage-/Heritage-Style (nostalgisch) ist dieses Medium unverzichtbar. Der Auftrag kann durch ein mit Tinte getränktes Stempelkissen, einen Wattebausch oder anderen Hilfsmitteln wie Pinsel oder Tüchern erfolgen.

Ganz besonders praktisch sind Stempelkissen in verschiedenen Größen und Farbarten. Es gibt sie in kleinen Katzen-Augen-Formen, kleinen Quadraten oder in herkömmlichen Stempelkissen-Größen. Die Farben sind vielseitig. Es gibt schnell trocknende, kreide-ähnliche, wasserfeste und metallisch glänzende Stempelfarben. Und es gibt Produkte die es ermöglichen, die Stempelfarben einzeln aus der Farbskala herausnehmen zu lassen.

Sowohl Chalk, Pigment Ink und die Color Box sind an Rändern von Papieren, Tags (Anhängern) und Stanzteilen von Motivlochern vielseitig verwendbar. Auch bei Kartenrändern und Briefumschlägen haben sie eine schöne Wirkung. Die Anwendung ist überall gleich. Mit einem feinen Schwämmchen, Pinsel oder dem Stempelkissen selbst (wenn es nicht zu nass und fest, sondern eher weich und samtartig ist) den Rand des Papiers vorsichtig einfärben. Die Farbe auftragen und je nach gewünschter Intensität an der Kante des Papiers entlang fahren. Weit in die Mitte ergibt breite Farbaufträge, relativ gerade gehalten wird der Rand nur sehr fein sichtbar. Auch sehr schön ist der entstehende Effekt, wenn das Scrapbook-Papier oder der Cardstock mit dieser Technik bearbeitet wird. In den Beispielen „Hochzeit" und „Nordsee" wird deutlich, wie unterschiedlich eine Technik wirken kann und wie effektvoll sie ist.

Den Cardstock aus hellbraunem Papier an den Rändern mit einem etwas dunkleren und einem hellblauen Stempelkissen bearbeiten. Die Stempelfarbe auch vorsichtig in die Mitte streichen. Nun darauf einen breiten Streifen krakeliertes Scrapbook-Papier kleben. Das Back-up (Hinterklebung) des Fotos, sowie den Streifen „Nordsee" aus hellblauem Papier in gleicher Weise kolorieren. Anschließend das Foto aufkleben und Photo-Holder (Bildhalter) aufsetzen. Die Buchstaben „Nordsee" mit Acrylfarbe und Moosgummi-Stempeln aufstempeln. Nach dem Zuschneiden der Schrift ein an allen Seiten überstehendes Stück Vellum (Transparentpapier) mittels silbernen Brads aufsetzen. Nur diese beiden Papiere miteinander verbinden und auf einem Stück Schleifenband, welches am unteren Rand aufgeklebt wurde, fixieren. Zum Schluss einen 4,5 cm großen Kreis wie beschrieben kolorieren und mithilfe eines silbernen Brads mit einem 2,5 cm großen Kreis des gestreiften Papiers sowie einem aus Vellum verbinden. Vor dem Umbiegen der Häkchen ein Stück Schleifenband einschieben und aufkleben. →

Gestaltung der Scrapbook-Seite

Tipps & Tricks

Stanzteile und Schneidemaschinen

Die Stanzteile, die durch Schneidemaschinen hergestellt werden können, sind sehr vorteilhaft, weil sie es ermöglichen, genau die passenden Papiere auszuwählen. Alle nur erdenklichen Motive, sowie Bordüren, Landschaften und vor allem auch Alphabete und Verschlüsse sind erhältlich. Die Geräte sind sehr unterschiedlich in der Handhabung und oftmals werden Schneideschablonen benötigt, die zum Gerätetyp passen. Es gibt aber auch neue Produkte, die Schablonen unterschiedlicher Hersteller mit einer Schneidemaschine zu schneiden. Demzufolge kann es erforderlich sein zunächst zu testen, wie die perfekte Schneidequalität erreicht wird, damit die Motive sauber ausgeschnitten werden. Festere Kartonagen sind für diese Geräte genauso wenig ein Problem wie Moosgummi.

Sticker-Maker

Gibt man das ausgestanzte Teil in einen Sticker Maker (zur Herstellung von Stickern), lässt sich das Motiv ganz leicht von der Trägerfolie abziehen und platzieren. Das lästige Kleben entfällt und es gibt keine unschönen Kleberänder auf der Scrapbook-Seite. Besonders Vellum (Transparentpapier) lässt sich durch den Sticker Maker perfekt verarbeiten und haftet einwandfrei. Beim Kleben kleiner Stanzteile ist der Einsatz des Sticker Makers wirklich hilfreich. Werden die Motive platzsparend angeordnet, ist auch der Verbrauch der Klebefolie angemessen.

Punches (Motivlocher)

Alle Motivlocher eignen sich für das Arbeiten im Scrapbook-Bereich. Gerade Blüten, Herzchen, Sterne und Alphabete sind von der Seitengestaltung nicht wegzudenken. Mit Ovalen, Kreisen, Quadraten und Rechtecken lassen sich die Griffe der Tag-Taschen spielend leicht einstanzen.

Grundlage ist ein Cardstock aus bedrucktem Papier. Auf diesen die beiden eingerissenen getupften Bögen Scrapbook-Papier kleben und an den Rändern entlang wie abgebildet die kleinen Ösen einschlagen. Mit einer Schneidemaschine aus braunem Tonkarton die Stanzteile fertigen, in das längliche das Schleifenband einfassen, festnieten und auf den Cardstock kleben. Das Foto mit dem getupften Papier hinterlegen, die Stanzteile mittels Brads, die wie Schrauben aussehen, befestigen und ebenso aufkleben. Die Schleife aus gestreiftem Schleifenband mit dem letzten Stanzteil und den Brads anbringen. Zuletzt schmücken die Abdrücke des Moosgummi-Stempels und die Bradletz (Briefklammern mit Buchstaben) die Scrapbook-Seite. ⟶

Gestaltung der Scrapbook-Seite

JANET & DYLAN

Tipps & Tricks

Sticker (Aufkleber), Pebbles (Aufkleber mit Lupenwirkung) und Rub-on´s (Transferfolie)

Sticker sind Aufkleber, die es zu vielen Themenbereichen passend gestaltet gibt. Es gibt sie als Alphabete, beglimmert, in 3D-Form und natürlich in allen erdenklichen Farben und Formen. In Paper-Kits (Papier-Sets) sind mehrere passende Bögen inklusive. Die Sticker von der Trägerfolie abziehen und auf die passende Stelle kleben. Bei den Rub-on´s die Sticker von den Transferfolien mithilfe eines Holzschabers auf die gewünschte Stelle des Papiers rubbeln. Hier ist es wichtig darauf zu achten, dass alle Stellen von der Transferfolie gelöst sind, bevor man diese abnimmt. Sonst kann es passieren, dass das Motiv zerreißt. Alphabete in unterschiedlichen Schrift-Typen sind meistens als Rub-on erhältlich.

Pebbles sind transparente Aufkleber mit Lupenwirkung. Sie sorgen für einen dreidimensionalen Effekt. Kreise, Quadrate, Rechtecke, Tröpfchen – es gibt nahezu alles. Allerdings sollte das Ablösen vorsichtig geschehen. Fingerabdrücke auf der klebenden Seite bleiben unter Umständen sichtbar. Lieber Schritt für Schritt ein Stück der Folie abziehen und langsam festdrücken. Auch hier gilt der Grundsatz: Weniger ist mehr. So gerne man diese schönen, teilweise glitzernden oder geprägten Sticker in großer Vielzahl über der Scrapbook-Seite verteilen möchte, ist dennoch davon abzuraten. Sie sind für eine gekonnt gestaltete Seite sehr wichtig, würden aber in einer zu großen Anzahl vom eigentlichen Foto ablenken.

Embellishment (Zierschmuck) und Charms (Metallteile)

Unter Embellishment fällt alles, was die Gestaltungen letztendlich schmückt. Das können ausgestanzte Papier-Teile, Blüten und vorgefertigte Accessoires sein. Oftmals sind diese wichtigen Details selbstklebend und in passend zueinander abgestimmten Farben oder Themen erhältlich. Charms aus Metall werden mit Schmuck-Kleber aufgeklebt. Sie sind speziell für das Scrapbooking und für die Gestaltung von Tags oder Karten gedacht und darum relativ flach. Für einen besseren Halt werden manche Charms mit Eyelets (Ösen) befestigt.

Photo-Corner (Foto-Ecke) und Photo-Holder (Bildhalter)

Sie sind für die Verzierung bzw. das Halten der Bilder konzipiert, runden die Gestaltung ab und lockern die Scrapbook-Seite auf. Photo-Corners gibt es überwiegend aus Metall, sie zählen im Grunde zu den Charms. Um sie zu befestigen reichen ein paar Tropfen Schmuckkleber. Photo-Holder gibt es aus Metall in verschiedenen Farben und Formen. Sie haben ein kleines Loch in der Mitte, durch das mittels Eyelets oder Brads das Anbringen erfolgt. Damit lassen sich auch Verschlüsse zaubern. Eine weitere Möglichkeit ist es, die Photo-Corners aus Papier zu fertigen. Mit den Schablonen für die Schneidemaschine ist es ganz einfach. Das passende Papier und auch festere Kartonagen lassen sich für den Zuschnitt verwenden.

Gestaltung der Scrapbook-Seite

Auf den lila Cardstock diverse Rechtecke aus buntem Scrapbook-Papier kleben. An zwei Ecken des Fotos und des unteren Kästchens mit dem Namen des Kindes Sticker-Blümchen anordnen. Die Sticker mit den Buchstaben aufkleben. Darüber und über das Foto die großen rechteckigen Pebbles setzen. Das Foto mit Fotoecken aus Papier, die mittels 3D-Klebepads aufgeklebt werden, einrahmen. Nun die Stoffblüte mit dem Blümchen-Sticker und einem schwarzen, großen Eyelet (Öse) verbinden und aufkleben. Durch das Band ein Schmuckteil ziehen.

Tipps & Tricks

Memorabilia (Erinnerungen wie Tickets, Eintrittskarten, Einladungen etc.)

Künftig Dinge wie Eintrittskarten, Erinnerungen wie Werbungen für schöne Feste oder den Beleg für das Stückchen Torte im Café aufbewahren und erst wegwerfen, wenn das Album fertig ist. Scrapbook-Seiten, die außer den Fotos auch aussagekräftige „Beweisstücke“ in die Gestaltung mit einbeziehen, sind eine gute Stütze für unser Gedächtnis. Jahre später erinnern wir uns nicht mehr an Preise und Daten. An vieles erinnert man sich nur noch schemenhaft. Die erste Locke der kleinen Tochter ist das Paradebeispiel oder die kleinen Muscheln, die am Strand lagen. Mit kleinen durchsichtigen Umschlägen aus Plastik können solche Dinge auf der Seite verewigt werden. Nur allzu dick sollten die Seiten dadurch nicht werden, damit die folgenden Seiten sich nicht wellen. Manche Dinge verbinden wir sofort mit einem Gefühl. Beim Anblick eines ausländischen Geldscheines wird man gewiss an ein Erlebnis erinnert, an dem man einen solchen Schein in den Händen hielt. Doch das Allerbeste daran ist, dass diese kleinen Erinnerungen künftig nicht mehr in irgendwelchen Schubladen landen, sondern ihren Platz neben dem Foto einnehmen.

Hiding (Verbergen)

Unter Hiding versteht man das Verbergen von Schriften, Bildern oder Memorabilia, die nicht jeder sehen soll. Sie wahren die Privatsphäre oder sind witzige Elemente, um die Gestaltung spannender zu machen. So lassen sich auch kleine Laschen, Deckel oder Klappfunktionen erstellen, die schöne Worte, Texte oder ähnliches verdeckt zeigen. Sollen diese geschlossen bleiben, können Verschlüsse oder Ribbons (schmale Bänder) eingearbeitet werden. So lassen sich vielseitig Formate erstellen, die beispielsweise auch mehrmals übereinander immer etwas anderes preisgeben. Solche Verstecke machen nicht nur kleinen, sondern vor allem auch großen Kindern Spaß und sie bieten den Vorteil, dass sie den Platz auf der Seite vergrößern.

Das Scrapbook-Papier für die beiden Ecken reißen und auf den schwarzen Cardstock setzen. Quadrate aus weiterem Papier fertigen und in alle vier Ecken kleben. Mit Moosgummi-Stempeln und weißer Acrylfarbe die Buchstaben aufstempeln. Nun für das Foto eine Art Grußkarte herstellen, die noch sichtbar bleibt, wenn das Foto mit mehreren Papieren hinterlegt wird und alles laut Abb. anordnen. Das „Hiding“ ist fertig. Wenn der Deckel mit dem Foto nach oben geklappt wird, können die Tickets und das Journaling (Text) eingesetzt werden. Auch eine Erweiterung durch das Anbringen von Tag-Taschen ist möglich. Die freien Stellen sind variabel gestaltbar – einfach loslegen und ausprobieren. ⟶

Gestaltung der Scrapbook-Seite

Tipps & Tricks

Fibers (Zierfäden) und Ribbons (schmale Bänder)

Zierfäden, Wollfäden, Garne, Jutebänder, Kordeln und dergleichen werden allgemein als Fibers bezeichnet. Diese sind sowohl einzeln und als Set erhältlich. Die Sets haben den Vorteil, dass viele verschiedene, farblich zueinander passende, 1-2 Meter lange Zierfäden angeboten werden. Diese Länge ist vollkommen ausreichend. Diese Variante ist platzsparender, da gerade Wolle immer nur in großen Einheiten angeboten wird. Dasselbe gilt natürlich auch für Ribbons, auch hier gibt es schöne Sets. Ein Tag (Anhänger) ohne Fiber oder Ribbon würde doch furchtbar langweilig aussehen! Auf jeden Fall aber lockern diese beiden Band-Arten die Seite erheblich auf und sind zudem noch nützlich. Sie können ähnlich einem Bild-Aufhänger angebracht werden, auf Tags gesetzt oder einfach nur über die Seite gespannt werden. Die Reste der Ribbons, die beim Zuschneiden oft übrig bleiben, können weiter verwendet werden. Kleine Stücke reichen, um Blüten oder Stanzmotive zu verschönern, indem sie einfach gefaltet und mittels Brads (Briefklammern) oder Eyelets (Ösen) verbunden werden.

Buttons (Knöpfe)

Knöpfe hat fast jeder zu Hause. Sie lassen sich besonders gut mit Schmuck-Kleber oder Glue-Dots aufkleben und passen fast überall gut dazu. „Weniger ist mehr" gilt aber auch bei den Buttons. Lieber nur ein, zwei hübsche Knöpfchen aussuchen, als die Seite zu stark zu beschweren und dadurch evtl. den Blick vom eigentlichen Foto abzulenken. Je flacher die Knöpfe sind, desto sicherer ist es, dass die umliegenden Seiten nicht unnötig gewellt werden oder dass unschöne Abdrücke entstehen.

Das Scrapbook-Papier mit pinker Stempelfarbe am unteren Rand entlang bestempeln. Zwei Rechtecke, die zur Größe des Fotos passen, zuschneiden und im linken Bereich fixieren. Nun jede Aufnahme, die zweimal vorhanden ist, einmal im Original leicht schräg aufkleben. Die Zweite mit einem großen Kreis-Stanzer oder dem Kreis-Schneider bearbeiten und beliebig anordnen. Vier kleine Quadrate am rechten Rand entlang platzieren. Danach mit der pinken Stempelfarbe Blüten und Punkte auf weißen Tonkarton stempeln und mit dem Kreis-Stanzer ausstanzen. Jetzt noch vier kleine gestempelte Blümchen ausschneiden und die Kreise sowie die Blümchen mit 3D-Klebepads aufeinander setzen und mit einer Crystal-Brad (Briefklammer) schmücken. Zwischen die Quadrate mit Schmuckkleber kleine Knöpfchen setzen, durch die Knopflöcher Ribbons ziehen und ein Schleifchen binden. Jetzt die Tags mit den ausgedruckten Schriften bestücken, Fibers einknoten und beliebig auf der Seite anordnen. Mit 3D-Abstandsband lässt sich der Textteil „Blumen sind" hervorheben. →

Gestaltung der Scrapbook-Seite

Tipps & Tricks

Heritage (nostalgischer Stil) oder Vintage-Style

Gestaltungen mit alten Fotos, die einen besonderen Wert haben, nennt man Heritage oder Vintage. Ziel ist es, diese wertvollen Bilder oder auch Erinnerungsstücke schön in Szene zu setzen. Zu diesem Thema passen alle Scrapbook-Papiere, die auf „alt" getrimmt wurden, Schriften, Schlüssel, Postkarten, Briefmarken oder einfach nur Papiere, die vergilbt wirken. Passende Bänder, Blüten, Blütenblätter und Knöpfe sind immer schön anzusehen. Gut kombinierbar sind auch alte Spitzen und Häkelstücke vom Antik- oder Flohmarkt. Auch alte Bilder aus früheren Zeiten lassen sich hier finden.

Stücke aus Stoff oder Spitzen am Einfachsten mit Glue-Dots (Klebepunkten) aufkleben. Diese Klebepunkte sind in verschiedenen Größen erhältlich und später so gut wie nicht mehr sichtbar. Bei der Auswahl von Embellishments (Schmuck), Brads (Briefklammern), Eyelets (Ösen), Charms (Metallteilen) und Stickern ist es sinnvoll, auf die Angebote zurückzugreifen, die zu dieser Zeit passen. Besonders schön ist es, diese Dinge auch zum Bekleben von alten Dosen zu verwenden, in denen Sie übrige Bilder aufbewahren.

Mit Decoupage-Kleber lassen sich die Scrapbook-Papiere ganz einfach aufarbeiten. Hierfür eine dünne Schicht des Klebers auf die Dose streichen, das Papier einlegen (es ist jetzt noch verschiebbar) und mit einer weiteren Schicht überziehen. Falls während des Trocknens kleine Bläschen auftauchen oder sich das Papier an den Rändern wellt, einfach mit dem Pinsel darüber streichen. Gut trocknen lassen und ggf. mit Charms oder Ribbons (Bändern) schmücken.

Auch Stempel, die speziell im Vintage-Style erhältlich sind, lassen sich sehr gut in die Gestaltung einbringen. Das Bearbeiten der Ränder mit Chalk (Kreide) oder Pigment Ink (Tinte) ist gerade in diesem Thema sehr passend. Papiere zerknittern, mit Chalk oder Pigment Ink bearbeiten und wieder glätten ist auch eine gute Variante, um Abwechslung in die Gestaltung zu bringen.

Fotos bearbeiten

Bei richtig wertvollen Bildern aus Familienbesitz ist natürlich Vorsicht bei der Arbeit geboten. Diese Bilder am besten einscannen und ggf. mit einem Bildbearbeitungs-Programm verändern. Ränder, die nicht mehr akkurat sind, sondern weichgezeichnet werden oder Farbeinstellungen, die das Foto noch älter wirken lassen, können ganz neue Effekte hervorbringen. Der große Vorteil ist, dass das Original-Foto dann nicht mehr benötigt wird. Mittlerweile bieten viele Digitalkameras die Möglichkeit, Bilder in Schwarz/Weiß oder vergilbt aufzunehmen. So aufgenommene Fotos passen ebenso gut zum Vintage-Style.

Gestaltung der Scrapbook-Seite

Auf dem Papier mit den Schriften am linken Rand die Spitzen-Bordüre mittels doppelseitigem, transparentem Klebeband befestigen. Das Bild sowie die Beschriftungen mit hellgrünem Papier hinterkleben und die Eyelets (Ösen) einschlagen. Die Eyelets nur durch zwei Papiere arbeiten und auf die Seite kleben. Nun das Bild auf die Seite kleben und darüber ein Stück gerissenes Papier mit Knöpfen setzen. Zum Schluss die Beschriftungen, die Knöpfe und tropfenförmige Glitzersteine anordnen. Die Libelle und das Schleifchen mit 3D-Abstandsband ergänzen.

Tipps & Tricks

Stamps (Stempel), Embossing und Background-Stempel (Hintergrund-Stempel)

Oftmals werden in Trendhäusern Stempel angeboten, die für die Gestaltung von Grußkarten nicht fehlen dürfen. Es gibt ein großes Angebot an Stempeln, die speziell zum Scrapbooken geeignet sind: ganze Texte, Alphabete, Herzen, Blüten, Ornamente oder sogar Oldtimer, Fahrräder und alte Postkarten. Für jedes Thema und für jeden Stil lassen sich tolle und individuelle Stempel finden. Der Stempelabdruck kann mit Embossing-Pulver bestreut und dadurch plastisch hervorgehoben werden. Einfach den Motivstempel mit der Stempelfarbe benetzen, das Pulver aufstreuen, den überschüssigen Rest zurück ins Döschen füllen und dann über eine Wärmequelle, z. B. einen Toaster, geben.

Auch dafür gibt es ein spezielles Heißluftgerät, welches binnen Sekunden das Pulver zum Schmelzen bringt. Background-Stempel sind bis hin zur Postkarten-Größe erhältlich und haben meist ein Muster, welches es ermöglicht, sehr große Hintergründe zu bestempeln, ohne dass die Übergänge der einzelnen Abdrücke sichtbar werden. Wenn Hintergründe embossed werden sollen, ist es empfehlenswert, in Schritten zu arbeiten. Immer einen Stempel-Abdruck nach dem anderen embossen, da sonst evtl. Teile schon angetrocknet sind und das Pulver nicht mehr aufnehmen.

Eine sehr interessante Wirkung kommt zu Stande, wenn Stempel nicht mit Stempelfarbe, sondern mit dick angerührter Aquarellfarbe oder unverdünnter Acrylfarbe aufgestempelt werden. Es empfiehlt sich aber, den Farbverlauf und die Technik zunächst auf einem Papier zu testen, bevor die Scrapbook-Seite bestempelt wird. Die Stempel sollten gut gepflegt werden und nach dem Benutzen mit flüssiger Seife sowie einem Schwämmchen oder mit einer Bürste gereinigt werden. Nicht der Sonne oder Hitze aussetzen.

Was kann alles mit den Stempel-Abdrücken gemacht werden?

Den Stempel nur abzudrücken ist die einfachste von vielen Möglichkeiten. Abwechslungsreicher ist es aber, den Stempel-Abdruck (embossed oder nicht) auszuschneiden oder auszustanzen und evtl. mit Abstandsband aufzusetzen. Stempel-Muster auf dem Cardstock oder auf ruhig verlaufendem Scrapbook-Papier sind besonders schön und lassen das Papier sofort zum Unikum werden. In Verbindung mit Chalk (Kreide) lassen sich die Motive gut bearbeiten und ausmalen. Das wirkt bei sparsamer Anwendung der Farbe immer sehr professionell. Auch das Gestalten der Ränder mit Chalk oder Pigment Ink (Tinte) um den Stempelabdruck herum bringt Abwechslung ins Spiel.

Gestaltung der Scrapbook-Seite

Das Bild mehrmals hinterkleben, auf hellen Papieren die Ränder mit Chalk bearbeiten und seitlich mehrere Löcher einstanzen. Dadurch beliebige Ribbons (schmale Bänder) ziehen und festknoten. Das Bild mittels Schleifenband aufhängen und mit den Stempelabdrücken, die embossed wurden, schmücken. Nun die runden Stempel-Abdrücke nach dem Embossen ausstanzen, je ein Schleifenband falten und mit den Bradletz (Briefklammern Buchstaben) befestigen. Die Kreise mit 3D-Abstandsband anordnen. Zuletzt die Texte ausdrucken, an den Rändern kolorieren und am unteren Bildrand festkleben.

Das Scrapbook ABC

A

Acid Free = säurefrei
Anchor = Tinte
Adhesive = Klebemittel

B

Back-up = Foto wird hinterklebt, ein Rand bleibt sichtbar
Bead = Perle zur Dekoration
Brads/Bradletz = Briefklammern
Button = Knopf

C

Cardstock = Papier im verschiedenen Formaten als Album-Seite, Hintergrund
Chalk = säurefreie, gepresste Kreide
Charms = Metallteile zur Verzierung, teilweise mit Ösen anzubringen
Colorblocking = verschiedenfarbige Farb-Blöcke werden übereinander geklebt
Crop = Scrapbooker treffen sich um gemeinsam zu arbeiten und Ideen auszutauschen

D

Die Cut = vorgestanzte Motive aus Papier, die direkt benutzt werden können

E

Embossing = prägen oder mit Stempelfarbe und Pulver schmelzen
Eyelet = Hohlnieten, Ösenringe
Eyelet-Tool = Werkzeug zum Befestigen von Eyelets
Embellishment = Verzierung jeglicher Art

F

Fibers = Zierfäden, Wollfäden, Garne, Bindfäden, Kordeln
Foamtape = 3D-Abstandsband, 3D-Klebepads
Focal Point = Blickfang
Font = diverse Schriftarten
Funny Ribbons = selbstklebende Bänder auf Scrapbook-Format

G

Glue-Dots = Klebepunkte, die beidseitig kleben (ideal für Bänder, Spitze, kleine Teile)

H

Heritage = alte Bilder, Utensilien, die einen historischen Wert haben
Hiding = das Verbergen von Elementen, lassen sich aufklappen